Impressum
Verlag: BABADADA GmbH, Nedderfeld 112 , 22529 Hamburg
Geschäftsführer / Verlagsleitung: Harald Hof
Druck: Books on Demand GmbH, In de Tarpen 42, 22848 Norderstedt

Imprint
Publisher: BABADADA GmbH, Nedderfeld 112 , 22529 Hamburg, Germany
Managing Director / Publishing direction: Harald Hof
Print: Books on Demand GmbH, In de Tarpen 42, 22848 Norderstedt

mokykla
school

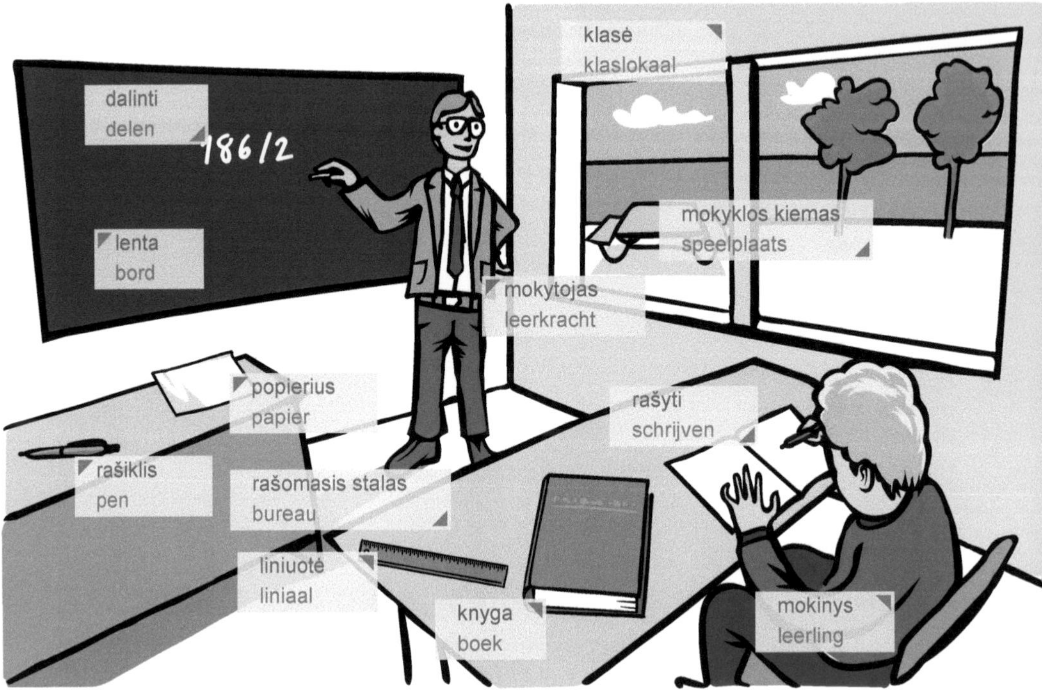
klasė
klaslokaal
dalinti
delen
186/2
lenta
bord
mokyklos kiemas
speelplaats
mokytojas
leerkracht
popierius
papier
rašyti
schrijven
rašiklis
pen
rašomasis stalas
bureau
liniuotė
liniaal
knyga
boek
mokinys
leerling

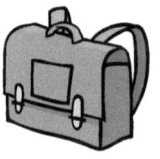

kuprinė
schooltas

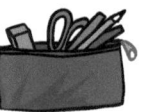

penalas
pennenzak

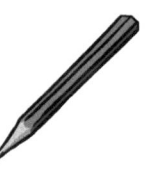

pieštukas
potlood

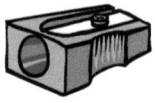

drožtukas
puntenslijper

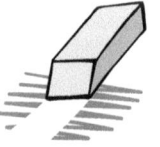

trintukas
gom

piešimo bloknotas
tekenblok

piešinys

tekening

teptukas

verfborstel

dažų dėžutė

verfdoos

žirklės

schaar

klijai

lijm

vadovėlis

werkboek

namų darbai

huiswerk

numeris

nummer

pridėti

optellen

atimti

aftrekken

dauginti

vermenigvuldigen

skaičiuoti

rekenen

raidė

letter

abėcėlė

alfabet

žodis

woord

tekstas

tekst

skaityti

Lezen

kreida

krijt

pamoka

les

dienynas

klassenboek

egzaminas

examen

pažymėjimas

certificaat

mokyklinė uniforma

schooluniform

išsilavinimas

onderwijs

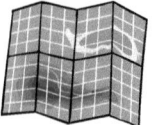

enciklopedija

encyclopedie

universitetas

universiteit

mikroskopas

microscoop

žemėlapis

kaart

šiukšliadėžė

papiermand

kelionė
reis

viešbutis
hotel
Grand
svečių namai
jeugdherberg
ROOMS
valiutos keitykla
wisselkantoor
CHANGE
lagaminas
koffer
mašina
auto

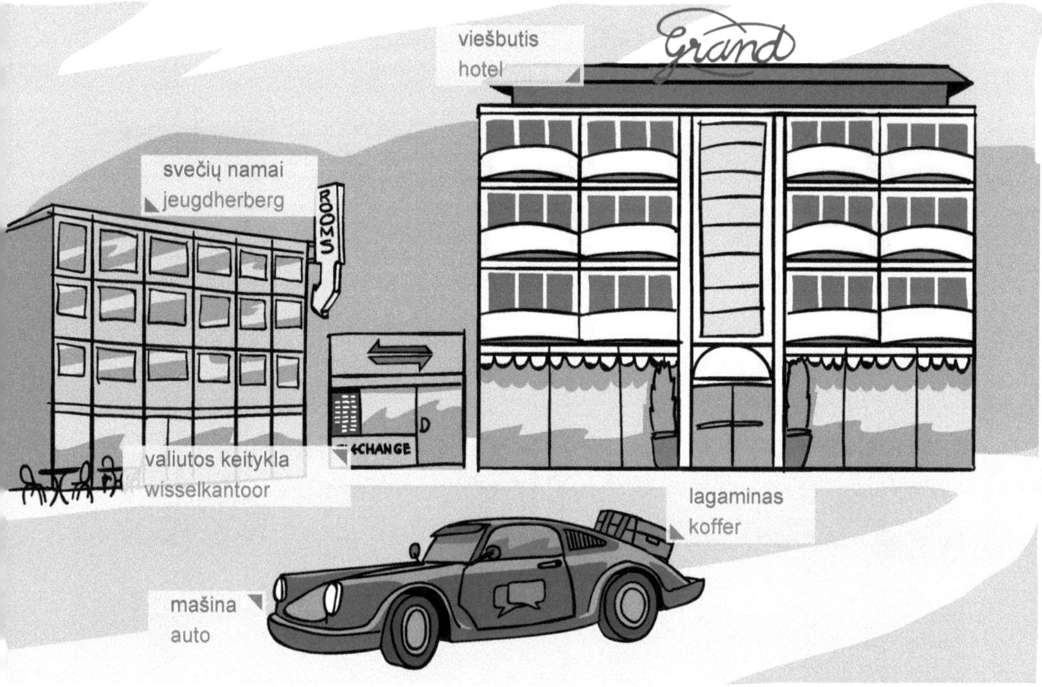

kalba

Taal

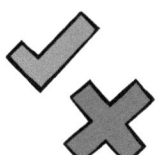

taip / ne

ja / nee

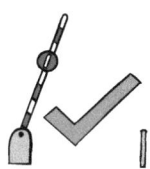

Gerai

oké

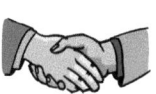

sveiki

hallo

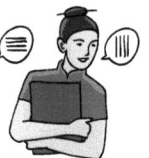

vertėjas raštu

vertaler

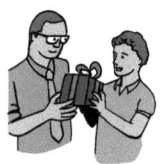

Ačiū

bedankt

kiek kainuoja...?

Hoeveel kost ...?

aš nesuprantu

Ik begrijp het niet

problema

probleem

Labas vakaras!

Goedenavond!

Labas rytas!

Goedemorgen!

Labos nakties!

Goedenavond!

viso gero

Tot ziens

kryptis

richting

bagažas

bagage

krepšys

zak

kuprinė

rugzak

svečias

gast

kambarys

kamer

miegmaišis

slaapzak

palapinė

tent

turizmo informacija

toeristeninformatie

paplūdimys

strand

kreditinė kortelė

kredietkaart

pusryčiai

ontbijt

pietūs

lunch

vakarienė

avondeten

bilietas

ticket

liftas

lift

pašto ženklas

postzegel

siena

grens

muitinė

douane

ambasada

ambassade

viza

visum

pasas

paspoort

transportas

transport

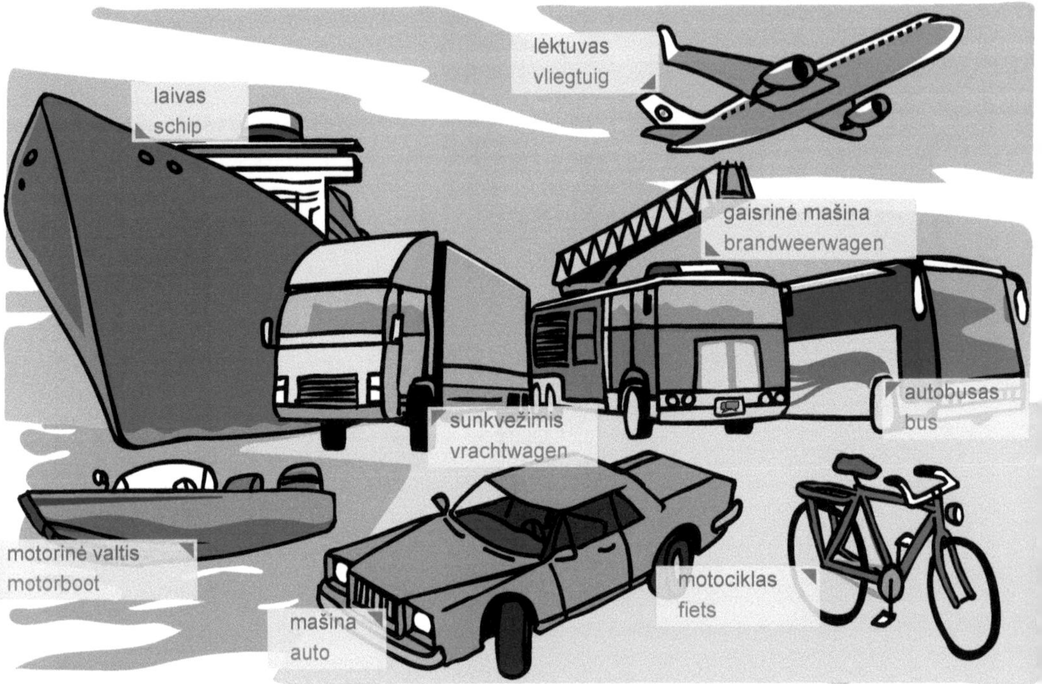
lėktuvas
vliegtuig
laivas
schip
gaisrinė mašina
brandweerwagen
autobusas
bus
sunkvežimis
vrachtwagen
motorinė valtis
motorboot
motociklas
fiets
mašina
auto

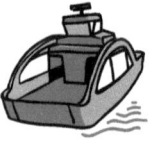

keltas

veerboot

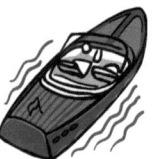

valtis

boot

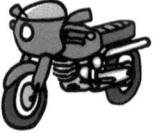

mopedas

motor

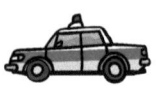

policijos automobilis

politiewagen

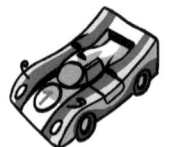

lenktyninis automobilis

racewagen

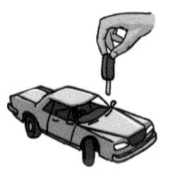

nuomojamas automobilis

huurauto

bendras automobilio
naudojimas

carpoolen

techninės pagalbos
automobilis

sleepwagen

šiukšliavežė

vuilniswagen

variklis

motor

degalai

benzine

degalinė

benzinestation

kelio ženklas

verkeersbord

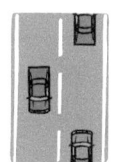

eismas

verkeer

eismo spūstis

file

mašinų stovėjimo aikštelė

parkeerplaats

traukinių stotis

station

bėgiai

sporen

traukinys

trein

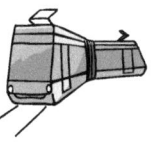

tramvajus

tram

vagonas

wagon

sraigtasparnis

helikopter

oro uostas

luchthaven

bokštas

toren

keleivis

passagier

konteineris

container

dėžė

karton

vežimėlis

kar

krepšys

mand

pakilti / nusileisti

opstijgen / landen

miestas
stad

kaimas

dorp

miesto centras

stadscentrum

namas

huis

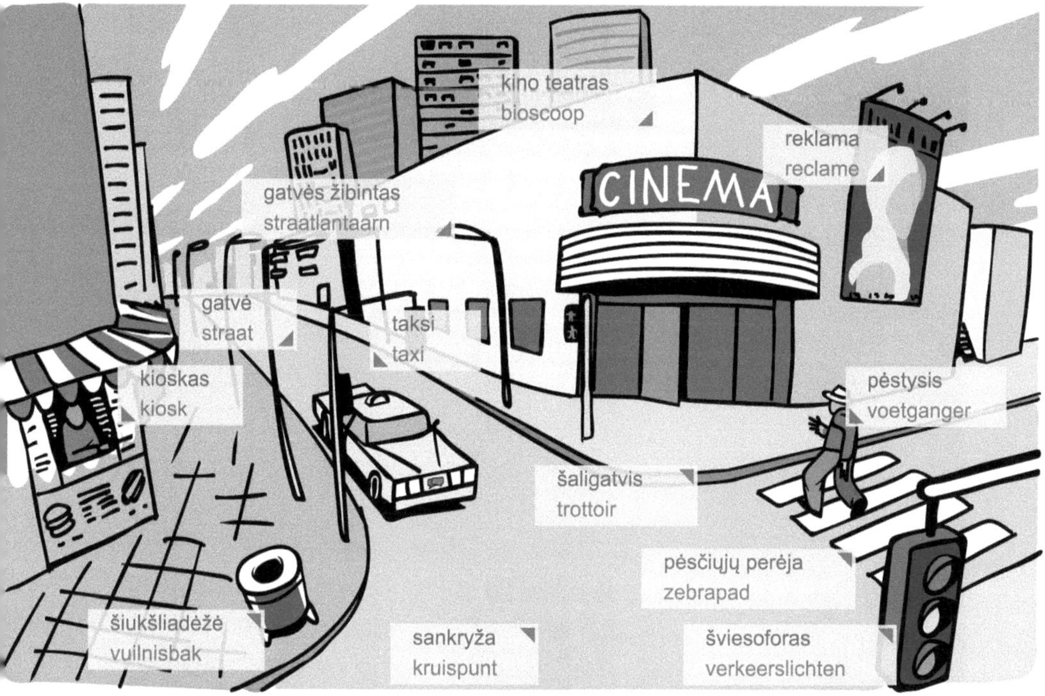

kino teatras
bioscoop

reklama
reclame

gatvės žibintas
straatlantaarn

CINEMA

gatvė
straat

taksi
taxi

kioskas
kiosk

pėstysis
voetganger

šaligatvis
trottoir

pėsčiųjų perėja
zebrapad

šiukšliadėžė
vuilnisbak

sankryža
kruispunt

šviesoforas
verkeerslichten

trobelė

hut

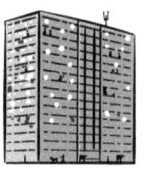

butas

woning

traukinių stotis

station

rotušė

stadshuis

muziejus

museum

mokykla

school

universitetas

universiteit

bankas

bank

ligoninė

ziekenhuis

viešbutis

hotel

vaistinė

apotheek

biuras

kantoor

knygynas

boekwinkel

parduotuvė

winkel

gėlių parduotuvė

bloemenwinkel

prekybos centras

supermarkt

turgus

markt

universalinė parduotuvė

warenhuis

žuvies parduotuvė

vishandelaar

prekybos centras

winkelcentrum

uostas

haven

parkas

park

suoliukas

bank

tiltas

brug

laiptai

trap

metro

metro

tunelis

tunnel

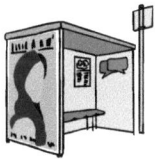

autobusų stotelė

bushalte

baras

bar

restoranas

restaurant

lauko pašto dėžutė

brievenbus

kelio ženklas

straatnaambord

parkomatas

parkeermeter

zoologijos sodas

zoo

baseinas

zwembad

mečetė

moskee

ūkininko ūkis

boerderij

tarša

milieuverontreiniging

kapinės

kerkhof

bažnyčia

kerk

žaidimų aikštelė

speelplaats

šventykla

tempel

kraštovaizdis

landschap

lapas
blad
kelio rodyklė
wegwijzer
kelias
weg
pieva
weide
akmuo
steen
ėjikas
wandelaar
medis
boom
upė
rivier
žolė
gras
gėlė
bloem

slėnis
vallei

kalva
heuvel

ežeras
meer

miškas
bos

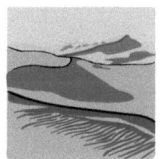

dykuma
woestijn

ugnikalnis
vulkaan

pilis
kasteel

vaivorykštė
regenboog

grybas
paddenstoel

palmė
palmboom

uodas
mug

musė
vlieg

skruzdėlė
mier

bitė
bijl

voras
spin

vabalas

kever

varlė

kikker

voverė

eekhoorn

ežys

egel

kiškis

haas

pelėda

uil

paukštis

vogel

gulbė

zwaan

šernas

wild zwijn

elnias

hert

briedis

eland

užtvanka

dam

vėjo jėgainė

windturbine

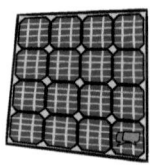

saulės baterija

zonnepaneel

klimatas

klimaat

restoranas

restaurant

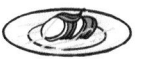

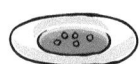

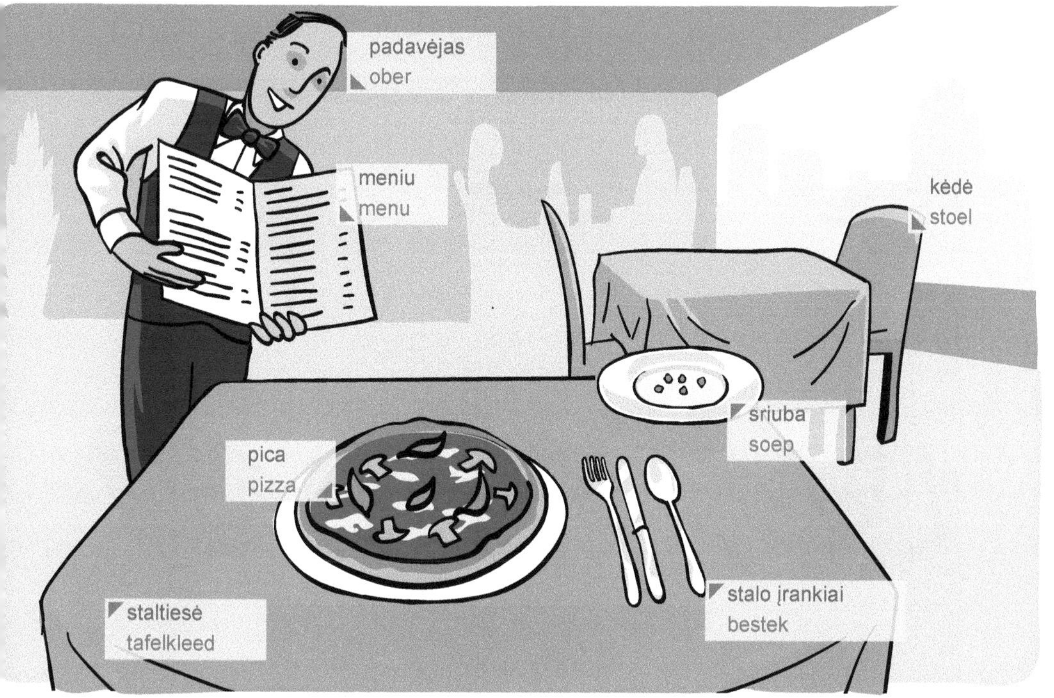
padavėjas
ober
meniu
menu
kėdė
stoel
sriuba
soep
pica
pizza
staltiesė
tafelkleed
stalo įrankiai
bestek

užkandis

voorgerecht

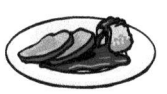

pagrindinis patiekalas

hoofdgerecht

desertas

nagerecht

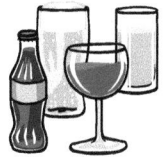

gėrimai

drankjes

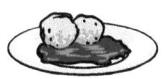

maistas

eten

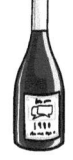

butelis

fles

greitai pateikiamas maistas

fastfood

gatvės maistas

street food

arbatinukas

theepot

cukrinė

suikerpot

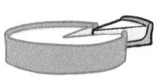

porcija

portie

espreso aparatas

espressomachine

aukšta kėdė

kinderstoel

sąskaita

rekening

padėklas

dienblad

peilis

mes

šakutė

vork

šaukštas

lepel

arbatinis šaukštelis

theelepel

servetėlė

serviette

stiklinė

glas

lėkštė

bord

sriubos lėkštė

soepbord

padėklas

schoteltje

padažas

saus

druskinė

zoutvatje

pipirų malūnėlis

pepermolen

actas

azijn

aliejus

olie

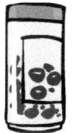

prieskoniai

kruiden

kečupas

ketchup

garstyčios

mosterd

majonezas

mayonaise

prekybos centras
supermarkt

specialus pasiūlymas
aanbieding
FOR
pirkėjas
klant
pieno produktai
zuivelproducten
vaisiai
fruit
troleibusas
winkelwagen

BUTCHERS

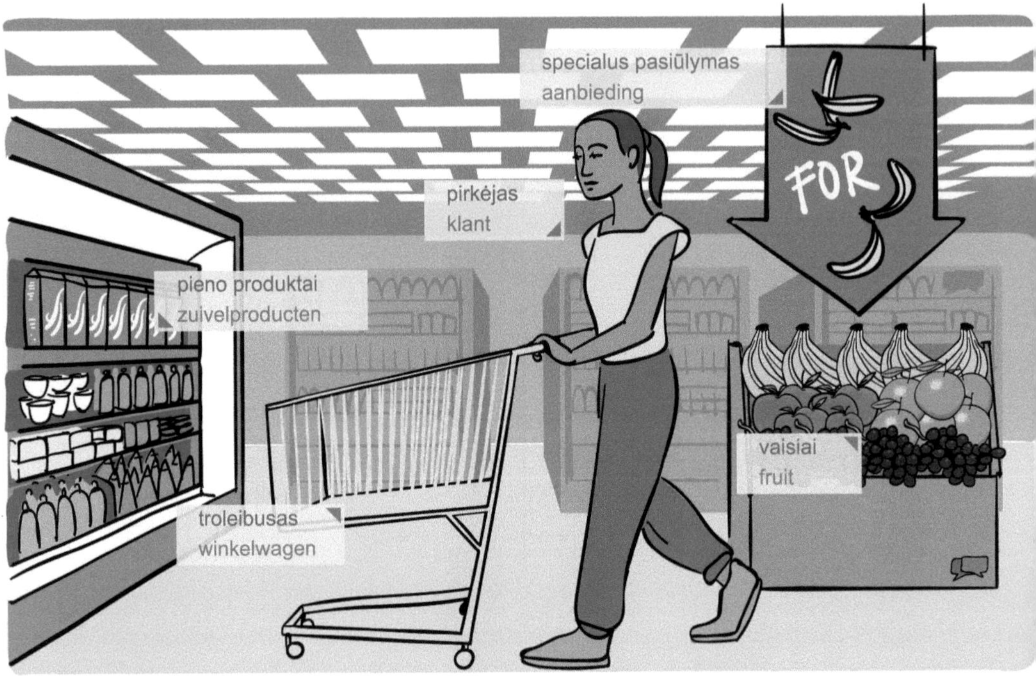

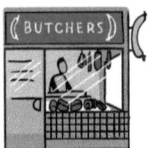

mėsos parduotuvė

slagerij

BAKERY

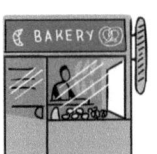

kepykla

bakkerij

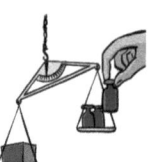

sverti

wegen

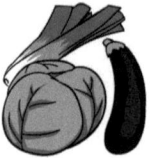

daržovės

groenten

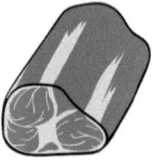

mėsa

vlees

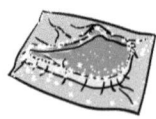

šaldytas maistas

diepvriesvoedsel

šalti mėsos užkandžiai

charcuterie

konservai

conserven

skalbimo milteliai

waspoeder

saldumynai

snoep

ūkinės prekės

huishoudproducten

valymo priemonės

schoonmaakproducten

pardavėja

verkoopster

kasos aparatas

kassa

kasininkas

kassier

pirkinių sąrašas

boodschappenlijstje

darbo valandos

openingstijden

piniginė

portefeuille

kreditinė kortelė

kredietkaart

maišelis

tas

plastikinis maišelis

plastieken zakje

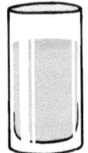

vanduo

water

sultys

sap

pienas

melk

kola

cola

vynas

wijn

alus

bier

alkoholis

alcohol

kakava

cacao

arbata

thee

kava

koffie

espresas

espresso

kapučinas

cappuccino

bananas

banaan

obuolys

appel

apelsinas

sinaasappel

arbūzas

meloen

citrina

citroen

morka

wortel

česnakas

knoflook

bambukas

bamboe

svogūnas

ajuin

grybas

champignon

riešutai

noten

makaronai

noodles

spagečiai

spaghetti

ryžiai

rijst

salotos

salade

traškučiai

frieten

keptos bulvės

gebakken aardappelen

pica

pizza

mėsainis

hamburger

sumuštinis

sandwich

pjausnys

kalfslapje

kumpis

ham

saliamis

salami

dešrelė

worst

vištiena

kip

kepsnys

braden

žuvis

vis

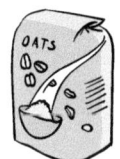

avižų dribsniai

havervlokken

dribsniai su priedais

muesli

kukurūzų dribsniai

cornflakes

miltai

bloem

prancūziškasis ragelis

croissant

bandelė

pistolet

duona

brood

skrebutis

toast

sausainiai

koekjes

sviestas

boter

varškė

kwark

tortas

taart

kiaušinis

ei

kiaušinienė

spiegelei

sūris

kaas

ledai

ijs

cukrus

suiker

medus

honing

uogienė

confituur

tepamas šokoladas

choco

karis

curry

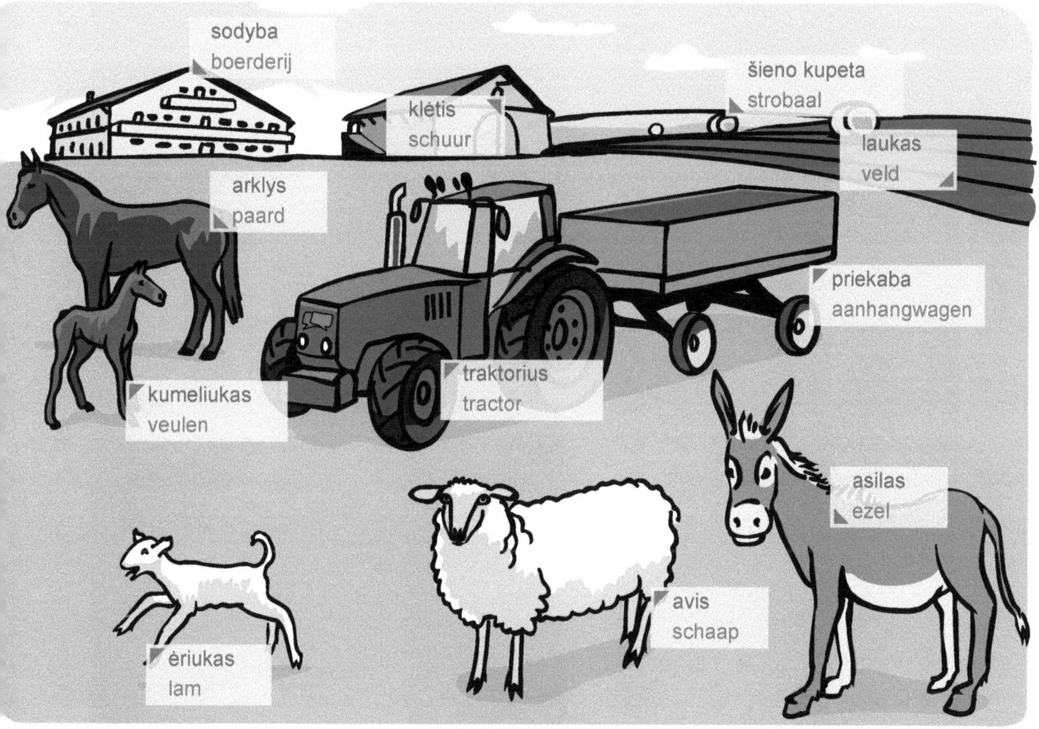

sodyba
boerderij

šieno kupeta
strobaal

klėtis
schuur

laukas
veld

arklys
paard

priekaba
aanhangwagen

kumeliukas
veulen

traktorius
tractor

asilas
ezel

avis
schaap

ėriukas
lam

ožys

geit

karvė

koe

veršis

kalf

kiaulė

varken

paršelis

biggetje

bulius

stier

žąsis

gans

antis

eend

viščiukas

kuiken

višta

kip

gaidys

haan

žiurkė

rat

katė

kat

pelė

muis

jautis

os

šuo

hond

šuns būda

hondenhok

sodo namas

tuinslang

laistytuvas

gieter

dalgis

zeis

plūgas

ploeg

pjautuvas

sikkel

kauptukas

schoffel

šakės

hooivork

kirvis

bijl

statinė

kruiwagen

lovys

trog

bidonas

melkkan

maišas

zak

tvora

hek

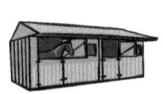

arklidė

stal

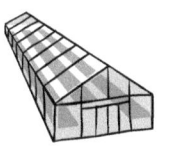

šiltnamis

broeikas

dirva

bodem

sėkla

zaad

trąšos

mest

kombainas

maaidorser

rinkti

oogsten

derlius

oogst

saldžiosios bulvės

yam

kviečiai

tarwe

soja

soja

bulvė

aardappel

kukurūzai

maïs

rapsai

koolzaad

vaismedis

fruitboom

manijokas

maniok

grūdai

graan

namas
huis

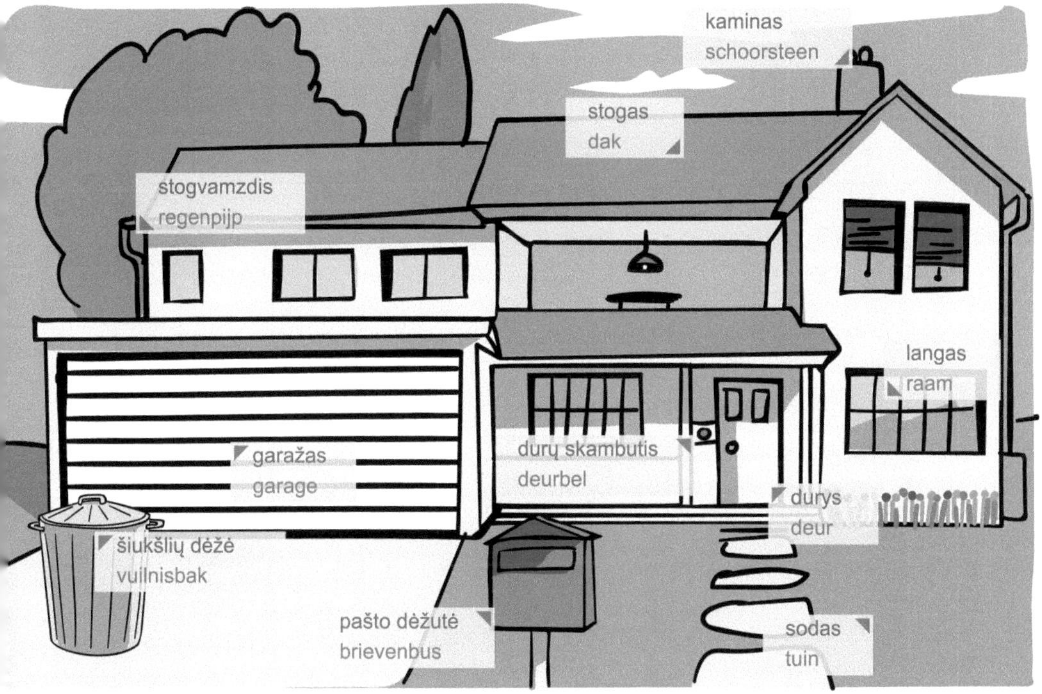

kaminas
schoorsteen
stogas
dak
stogvamzdis
regenpijp
langas
raam
garažas
garage
durų skambutis
deurbel
durys
deur
šiukšlių dėžė
vuilnisbak
pašto dėžutė
brievenbus
sodas
tuin

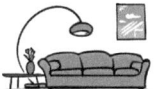

svetainė

woonkamer

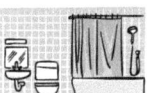

vonios kambarys

badkamer

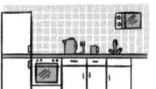

virtuvė

keuken

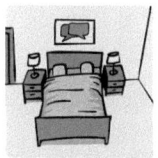

miegamasis

slaapkamer

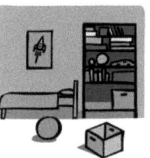

vaiko kambarys

kinderkamer

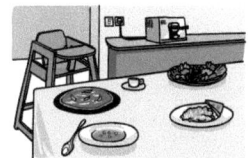

valgomasis

eetkamer

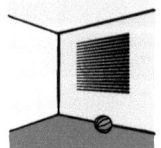

grindys

vloer

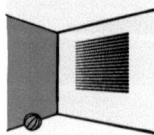

siena

muur

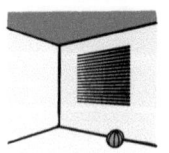

lubos

plafond

rūsys

kelder

sauna

sauna

balkonas

balkon

terasa

terras

baseinas

zwembad

žoliapjovė

grasmaaier

paklodė

dekbedovertrek

lovatiesė

dekbed

lova

bed

šluota

bezem

kibiras

emmer

jungiklis

schakelaar

svetainė
woonkamer

tapetai
behangpapier
nuotrauka
foto
šviestuvas
lamp
lentyna
schap
spintelė
kast
televizorius
televisie
židinys
open haard
gėlė
bloem
pagalvėlė
kussen
sofa
sofa
vaza
vaas
nuotolinio valdymo pultelis
afstandsbediening

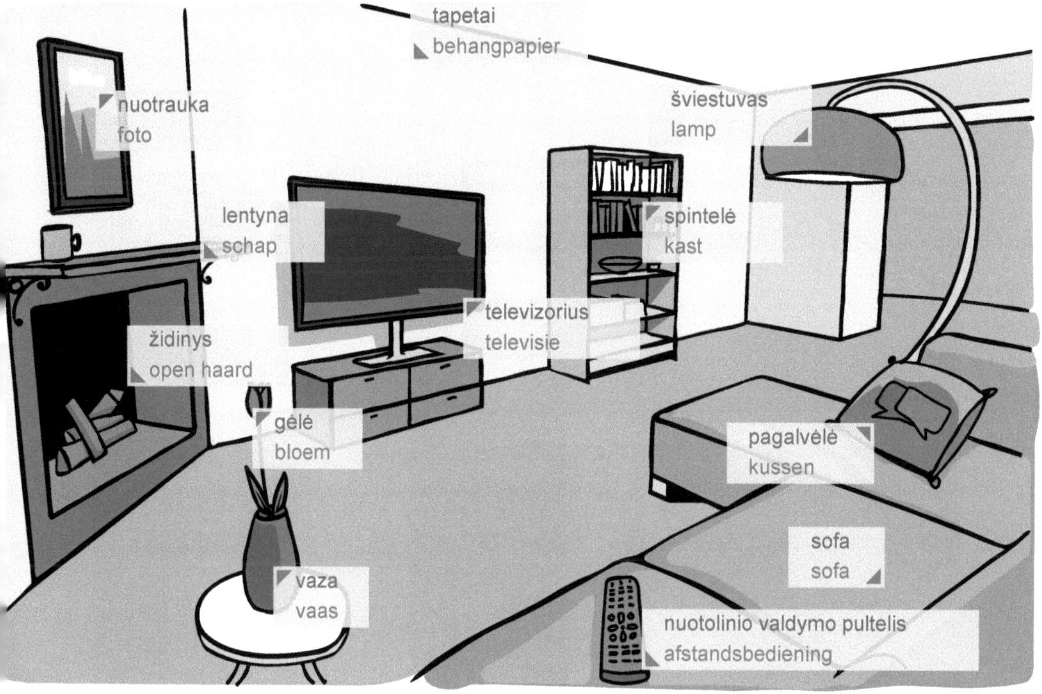

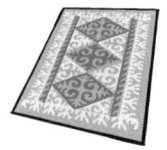

kilimas

mat

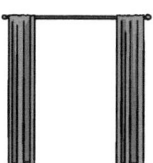

užuolaida

gordijn

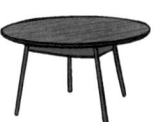

stalas

tafel

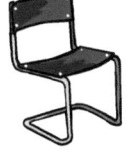

kėdė

stoel

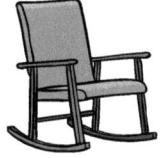

supamasis krėslas

schommelstoel

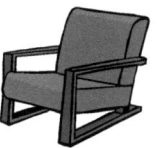

fotelis

fauteuil

knyga

boek

antklodė

deken

papuošimai

decoratie

malkos

brandhout

filmas

film

stereo aparatūra

stereo-installatie

raktas

sleutel

laikraštis

krant

paveikslas

schilderij

plakatas

poster

radijas

radio

užrašų knygelė

notitieboekje

dulkių siurblys

stofzuiger

kaktusas

cactus

žvakė

kaars

virtuvė
keuken

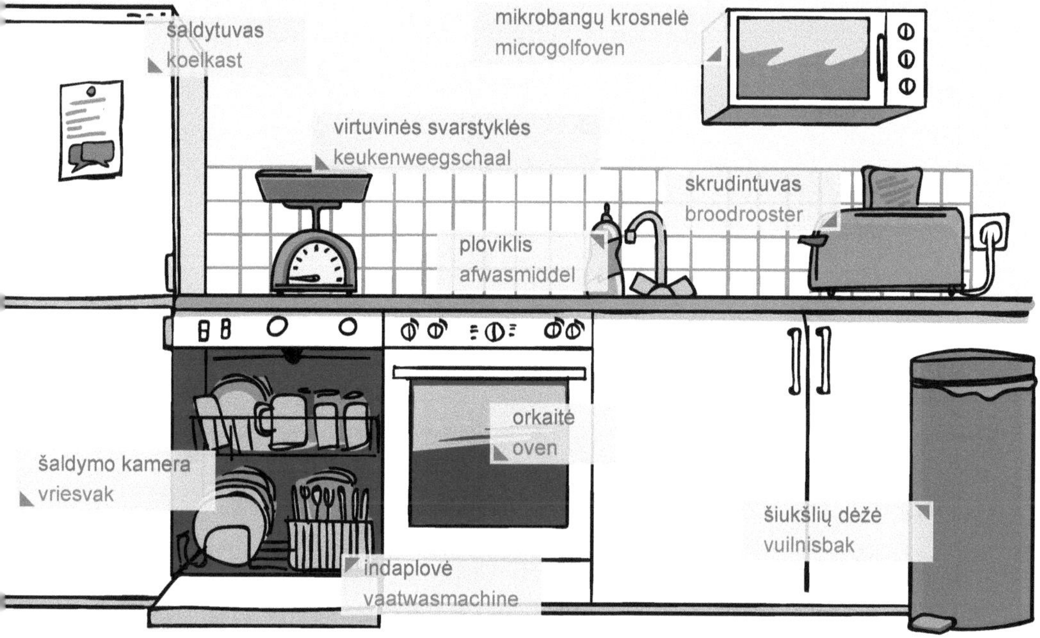
šaldytuvas
koelkast
mikrobangų krosnelė
microgolfoven
virtuvinės svarstyklės
keukenweegschaal
skrudintuvas
broodrooster
ploviklis
afwasmiddel
orkaitė
oven
šaldymo kamera
vriesvak
šiukšlių dėžė
vuilnisbak
indaplovė
vaatwasmachine

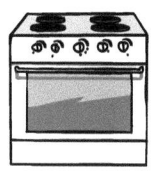

viryklė

fornuis

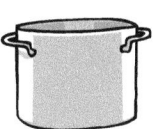

puodas

pot

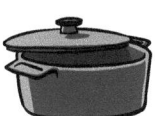

ketaus puodas

gietijzeren pot

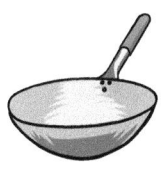

„wok“ keptuvė

wok / kadai

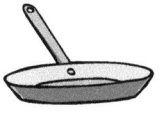

keptuvė

pan

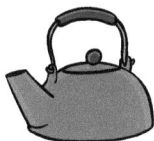

virdulys

waterkoker

garų puodas

stoomkoker

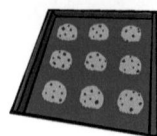

kepimo skarda

bakplaat

porceliano indai

servies

puodelis

mok

dubuo

kom

valgomosios lazdelės

eetstokjes

samtis

pollepel

mentelė

spatel

plaktuvas

garde

koštuvas

vergiet

sietas

zeef

trintuvė

rasp

grūstuvė

mortier

kepsninė

barbecue

atvira liepsna

haardvuur

pjaustymo lentelė

snijplank

kočėlas

deegrol

kamščiatraukis

kurkentrekker

skardinė

blik

skardinių atidarytuvas

blikopener

puodkėlė

pannenlap

kriauklė

gootsteen

šepetys

borstel

kempinė

spons

trintuvas

blender

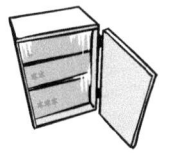

šaldiklis

vriezer

kūdikių buteliukas

papfles

čiaupas

kraan

vonios kambarys

badkamer

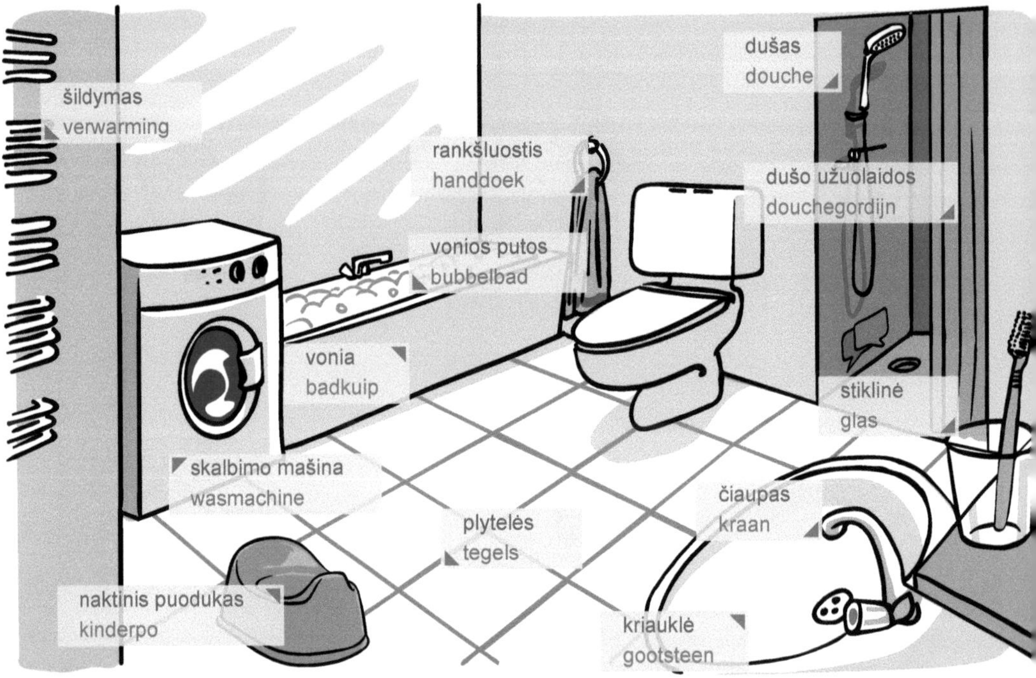

šildymas
verwarming
dušas
douche
rankšluostis
handdoek
dušo užuolaidos
douchegordijn
vonios putos
bubbelbad
vonia
badkuip
stiklinė
glas
skalbimo mašina
wasmachine
čiaupas
kraan
plytelės
tegels
naktinis puodukas
kinderpo
kriauklė
gootsteen

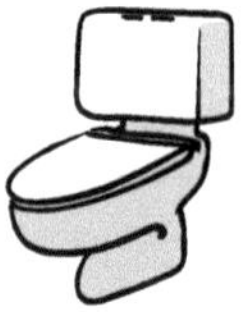

unitazas

toilet

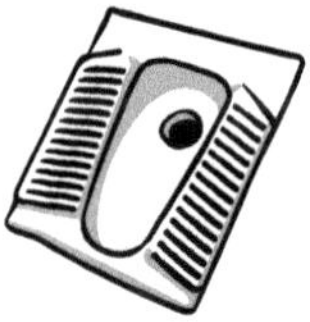

tupimasis unitazas

hurktoilet

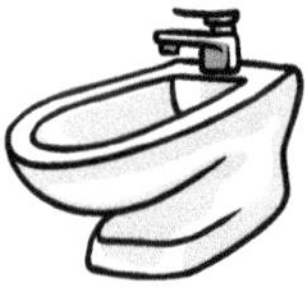

bidė

bidet

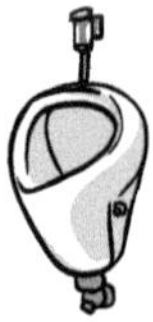

pisuaras

urinoir

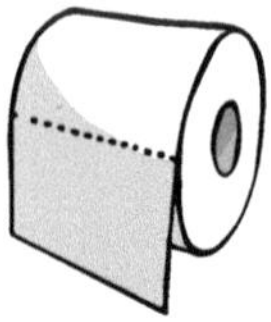

tualetinis popierius

toiletpapier

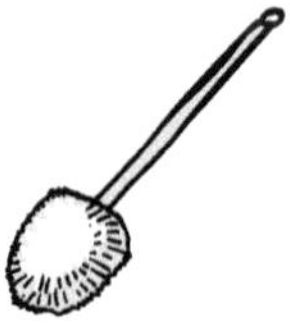

unitazo šepetys

toiletborstel

dantų šepetėlis

tandenborstel

dantų pasta

tandpasta

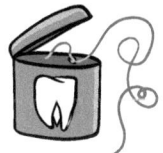

dantų siūlas

flosdraad

plauti

wassen

dušo galvutė

handdouche

higieninis dušas

bidethanddouche

praustuvas

waskom

nugaros plaušinė

rugborstel

muilas

zeep

dušo želė

douchegel

šampūnas

shampoo

plaušinė

washandje

kanalizacija

afvoer

kremas

crème

dezodorantas

deodorant

veidrodis

spiegel

veidrodėlis

handspiegel

skustuvas

scheermes

skutimosi putos

scheerschuim

losjonas po skutimosi

aftershave

šukos

kam

šepetys

borstel

plaukų džiovintuvas

haardroger

plaukų lakas

haarlak

makiažas

make-up

lūpdažis

lippenstift

nagų lakas

nagellak

vata

watten

žirklutės nagams

nagelknipper

kvepalai

parfum

maišelis skalbiniams

toilettas

taburetė

kruk

svarstyklės

weegschaal

chalatas

badjas

guminės pirštinės

latex handschoenen

tamponas

tampon

higieninis įklotas

maandverband

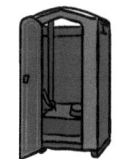

biotualetas

chemisch toilet

vaiko kambarys
kinderkamer

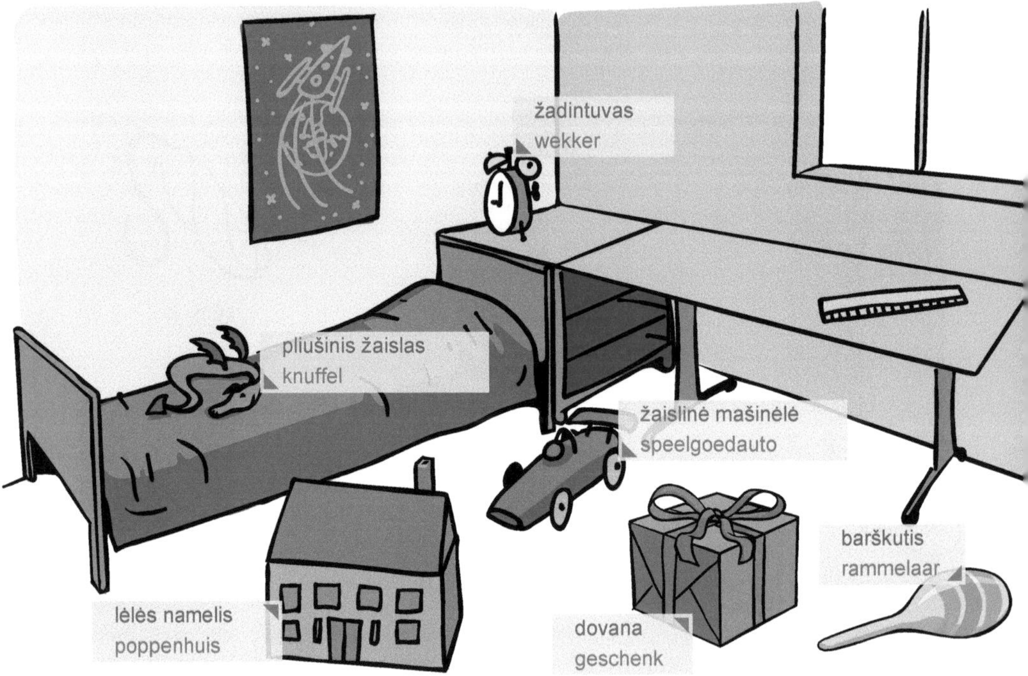
žadintuvas
wekker
pliušinis žaislas
knuffel
žaislinė mašinėlė
speelgoedauto
barškutis
rammelaar
lėlės namelis
poppenhuis
dovana
geschenk

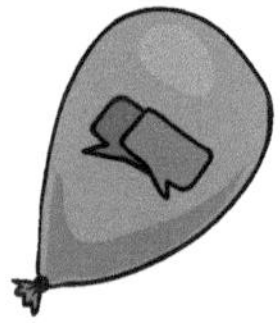

balionas

ballon

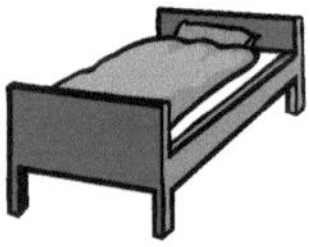

lova

bed

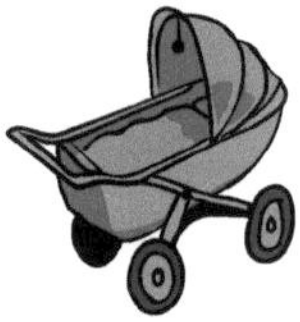

vaikiškas vežimėlis

kinderwagen

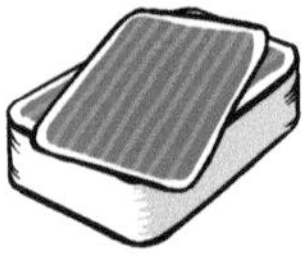

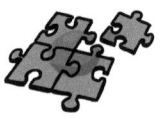

kortų malka

spel kaarten

delionė

puzzel

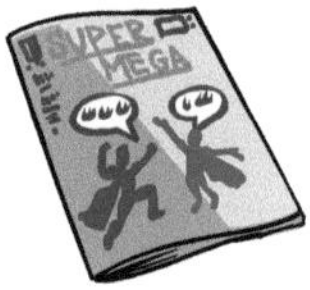
SUPER
MEGA

komiksai

stripboek

lego kaladėlės

legoblokjes

žaislinės kaladėlės

blokken

figūrėlė

actiefiguur

šliaužtinukai

kruippakje

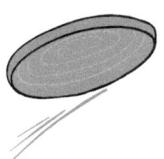

mėtymo lėkštė

frisbee

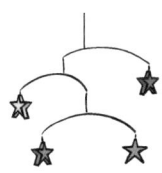

karuselė

mobiel

stalo žaidimas

bordspel

kauliukai

dobbelsteen

žaislinis traukinys

modelspoorweg

žindukas

fopspeen

vakarėlis

feest

paveiksliukų knygelė

prentenboek

kamuolys

bal

lėlė

pop

žaisti

spelen

smėlio dėžė

zandbak

sūpynės

schommel

žaislai

speelgoed

žaidimų konsolė

spelconsole

triratukas

driewieler

meškiukas

knuffelbeer

drabužių spinta

kleerkast

drabužis
kleding

kojinės

sokken

kojinės virš kelių

kousen

pėdkelnės

maillot

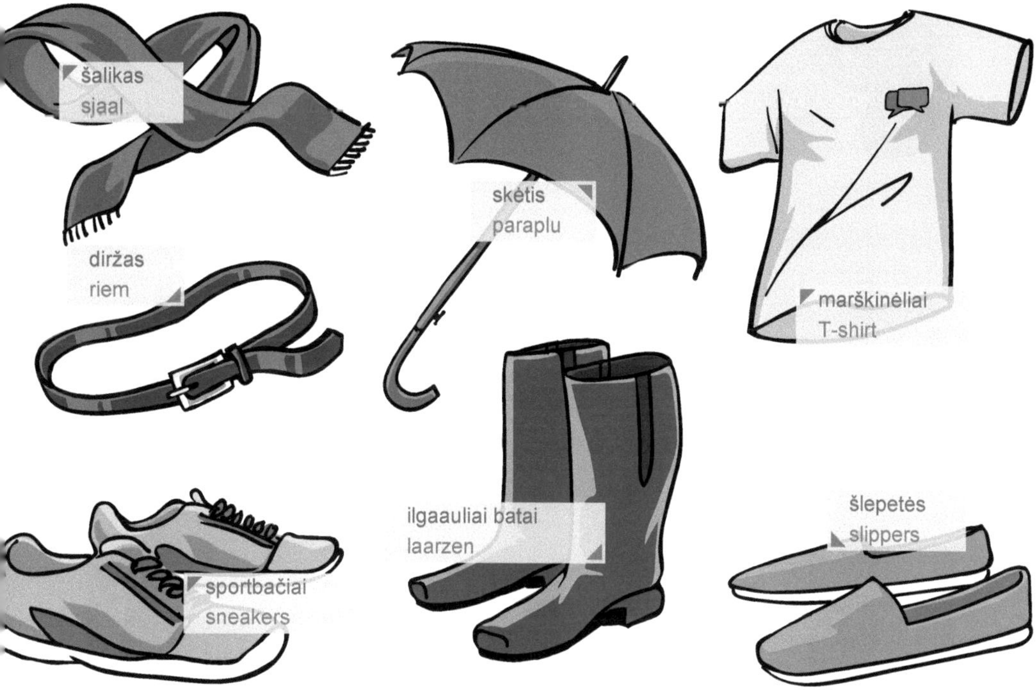

šalikas
sjaal

diržas
riem

skėtis
paraplu

marškinėliai
T-shirt

ilgaauliai batai
laarzen

šlepetės
slippers

sportbačiai
sneakers

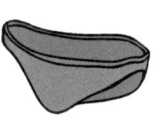

sandalai
....
sandalen

batai
....
schoenen

guminiai batai
....
rubberlaarzen

trumpikės
....
onderbroek

liemenėlė
....
beha

liemenė
....
onderhemd

drabužis - kleding

glaustinukė

lichaam

kelnės

broek

džinsai

jeans

sijonas

rok

palaidinė

blouse

marškiniai

hemd

megztinis

trui

megztinis su gobtuvu

capuchontrui

švarkelis

blazer

švarkas

jas

paltas

jas

lietpaltis

regenjas

kostiumas

kostuum

suknelė

jurk

vestuvinė suknelė

trouwjurk

kostiumas

pak

naktiniai marškiniai

nachthemd

pižama

pyjama

saris

sari

skarelė

hoofddoek

tiurbanas

tulband

burka

boerka

kaftanas

kaftan

abaja

abaya

maudymosi kostiumėlis

badpak

glaudės

zwembroek

šortai

short

sportinis kostiumas

trainingspak

prijuostė

schort

pirštinės

handschoenen

saga

knoop

akiniai

bril

apyrankė

armband

vėrinys

ketting

žiedas

ring

auskaras

oorbel

kepurė

pet

pakabas

kapstok

skrybėlė

hoed

kaklaraištis

das

užtrauktukas

rits

šalmas

helm

breketai

bretellen

mokyklinė uniforma

schooluniform

uniforma

uniform

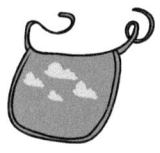

seilinukas

slabbetje

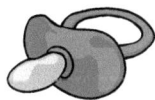

žindukas

fopspeen

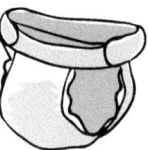

vystyklai

luier

biuras

kantoor

serveris
server
dokumentų spinta
dossierkast
spausdintuvas
printer
popierius
papier
vaizduoklis
monitor
rašomasis stalas
bureau
pelė
muis
aplankas
map
klaviatūra
toestenbord
šiukšliadėžė
papiermand
kėdė
stoel
kompiuteris
computer

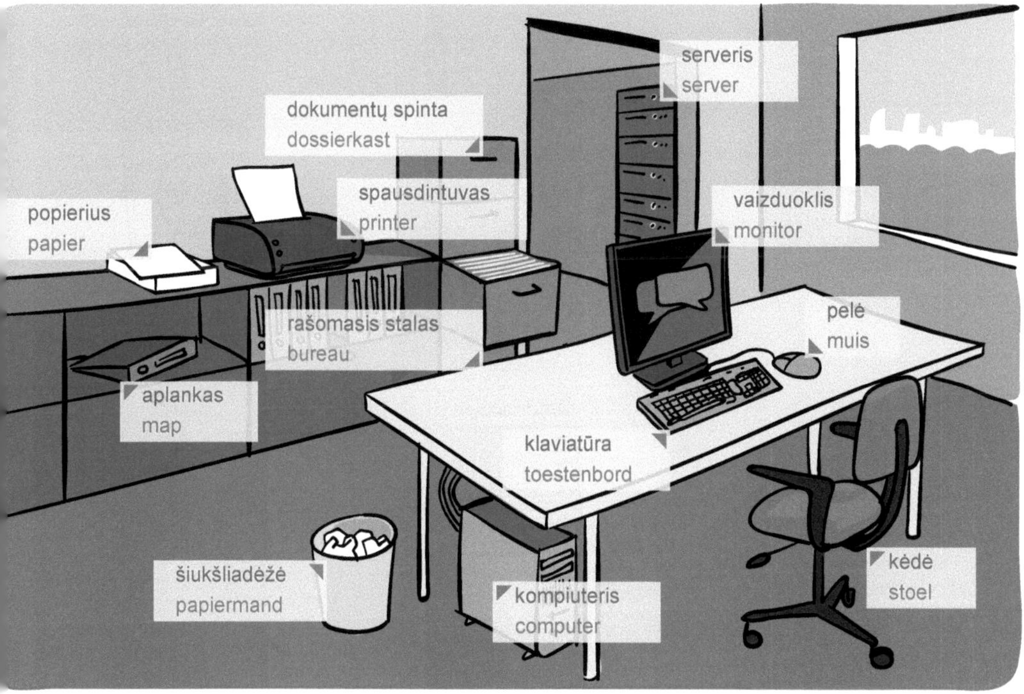

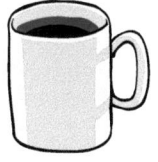

kavos puodelis

koffiemok

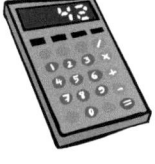

kalkuliatorius

rekenmachine

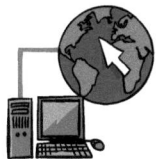

internetas

internet

nešiojamasis kompiuteris

laptop

laiškas

brief

žinutė

bericht

mobilusis telefonas

gsm

tinklas

netwerk

fotokopijavimo aparatas

kopieerapparaat

programinė įranga

software

telefonas

telefoon

kištukinis lizdas

stopcontact

faksas

fax

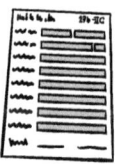

forma

formulier

dokumentas

document

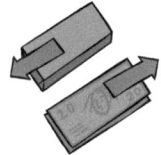

pirkti
kopen

moķéti
betalen

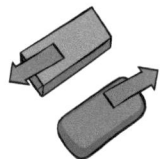

prekiauti
handelen

pinigai
geld

USD

doleris
dollar

EUR

euras
euro

JPY

jena
yen

RUB

rublis
roebel

CHF

Šveicarijos frankas
Zwitserse frank

CNY

juanis
Chinese renminbi

INR

rupija
roepie

bankomatas
geldautomaat

valiutos keitykla

wisselkantoor

auksas

goud

sidabras

zilver

nafta

olie

energija

energie

kaina

prijs

sutartis

contract

mokestis

belasting

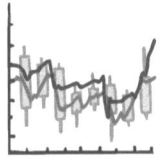

akcijos

aandeel

dirbti

werken

darbuotojas

werknemer

darbdavys

werkgever

gamykla

fabriek

parduotuvė

winkel

ekonomika - economie

profesijos
beroepen

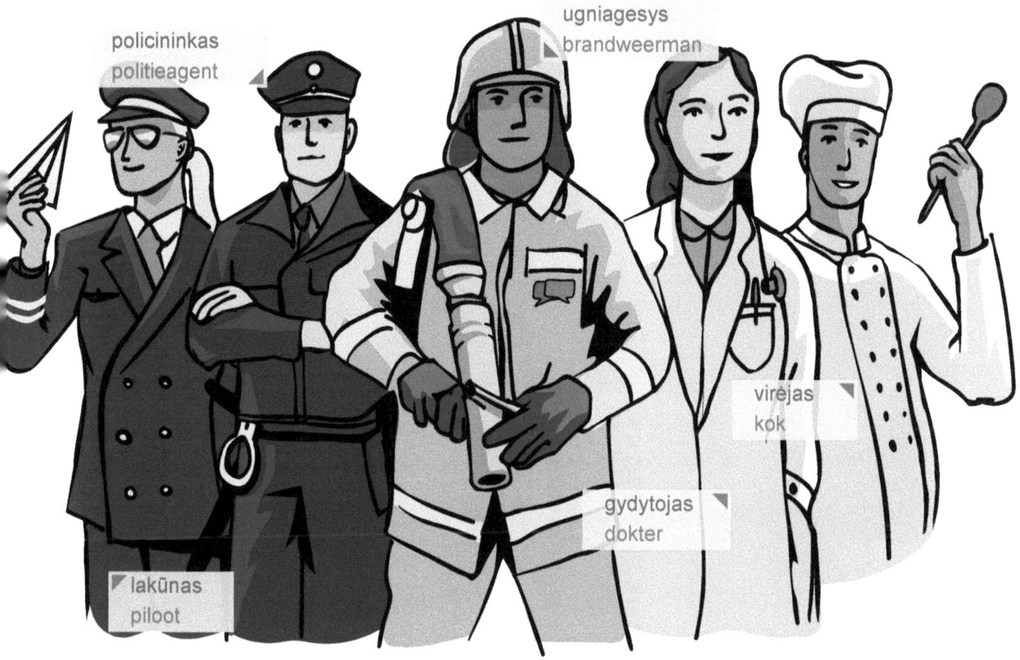

policininkas
politieagent
ugniagesys
brandweerman
virėjas
kok
gydytojas
dokter
lakūnas
piloot

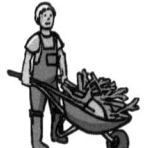

sodininkas

tuinman

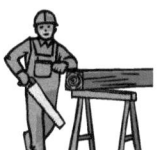

stalius

timmerman

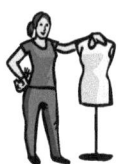

siuvėja

naaister

teisėjas

rechter

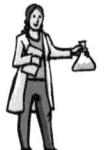

chemikas

chemicus

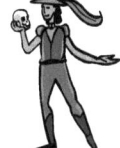

aktorius

acteur

autobuso vairuotojas
buschauffeur

taksi vairuotojas
taxichauffeur

žvejys
visser

valytoja
schoonmaakster

stogdengys
dakdekker

padavėjas
ober

medžiotojas
jager

dailininkas
schilder

kepėjas
bakker

elektrikas
elektricien

statybininkas
bouwvakker

inžinierius
ingenieur

mėsininkas
slager

santechnikas
loodgieter

paštininkas
postbode

kareivis
soldaat

architektas
architect

kasininkas
kassier

gėlininkas
bloemist

kirpėjas
kapper

konduktorius
conducteur

mechanikas
mecanicien

kapitonas
kapitein

odontologas
tandarts

mokslininkas
wetenschapper

rabinas
rabbijn

imamas
imam

vienuolis
monnik

kunigas
geestelijke

įrankiai
werktuigen

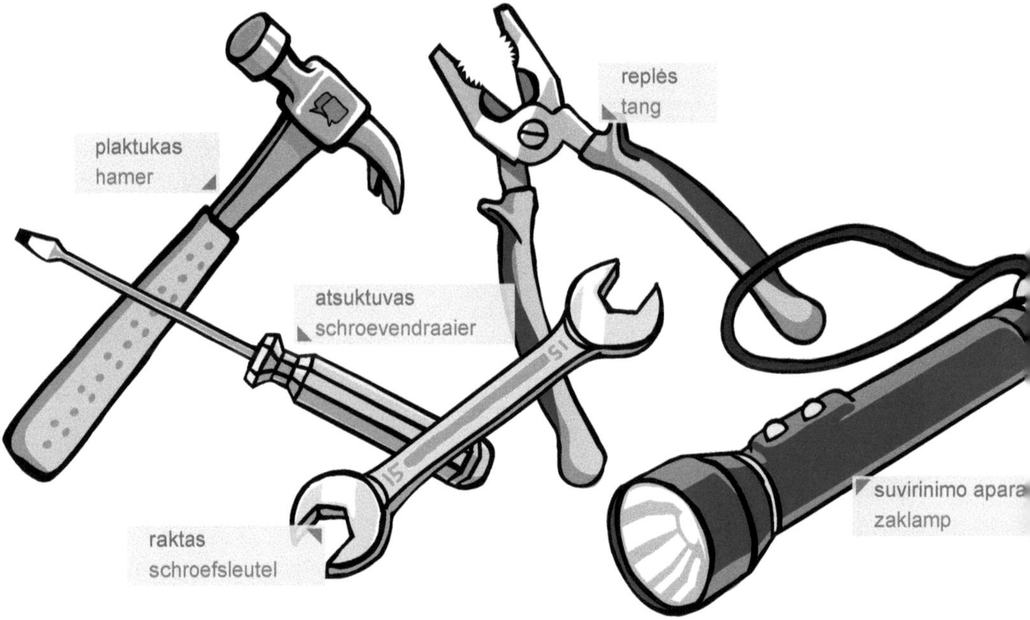
plaktukas
hamer
replės
tang
atsuktuvas
schroevendraaier
raktas
schroefsleutel
suvirinimo apara
zaklamp

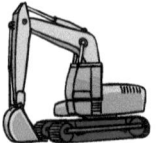

ekskavatorius

graafmachine

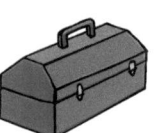

įrankių dėžė

gereedschapskoffer

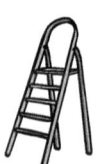

kopėčios

ladder

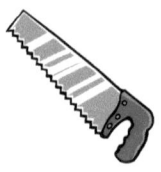

pjūklas

zaag

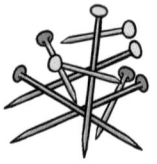

vinys

spijkers

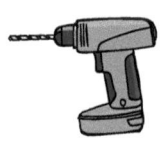

grąžtas

boormachine

taisyti
....
repareren

kastuvas
....
schop

Velniava!
....
Verdomme!

semtuvėlis
....
blik

dažų skardinė
....
verfpot

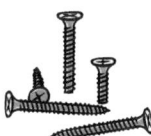

varžtai
....
schroeven

muzikos instrumentai
muziekinstrumenten

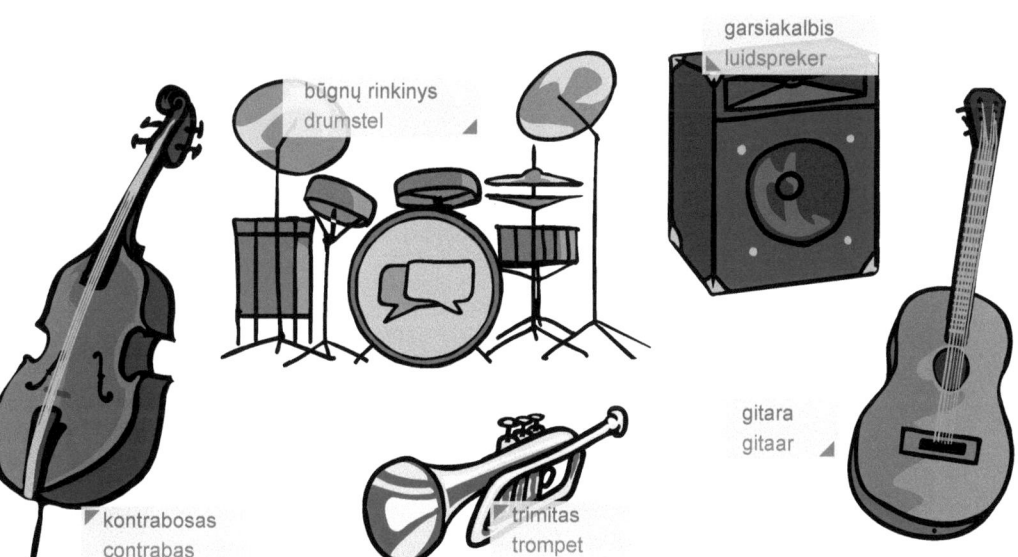

garsiakalbis
luidspreker

būgnų rinkinys
drumstel

gitara
gitaar

kontrabosas
contrabas

trimitas
trompet

pianinas

piano

smuikas

viool

bosinė gitara

basgitaar

timpanas

pauk

būgnai

trommels

sintezatorius

keyboard

saksofonas

saxofoon

fleita

fluit

mikrofonas

microfoon

tigras
tijger

narvas
kooi

zebras
zebra

gyvūnų pašaras
diereneten

jėjimas
ingang

panda
panda

gyvūnai

dieren

dramblys

olifant

kengūra

kangoeroe

raganosis

neushoorn

gorila

gorilla

meška

beer

kupranugaris

kameel

strutis

struisvogel

liūtas

leeuw

beždžionė

aap

flamingas

flamingo

papūga

papegaai

baltoji meška

ijsbeer

pingvinas

pinguïn

ryklys

haai

povas

pauw

gyvatė

slang

krokodilas

krokodil

zoologijos sodo prižiūrėtojas

dierenverzorger

ruonis

zeehond

jaguaras

jaguar

ponis

pony

leopardas

luipaard

begemotas

nijlpaard

žirafa

giraffe

erelis

adelaar

šernas

wild zwijn

žuvis

vis

vėžlys

zeeschildpad

vėplys

walrus

lapė

vos

gazelė

gazelle

amerikietiškas futbolas
rugby

dviračių sportas
wielrennen

tenisas
tennis

krepšinis
basketbal

plaukimas
zwemmen

ledo ritulys
ijshockey

boksas
boksen

futbolas
voetbal

badmintonas
badminton

atletika
atletiek

rankinis
handbal

slidinėjimas
skiën

polas
polo

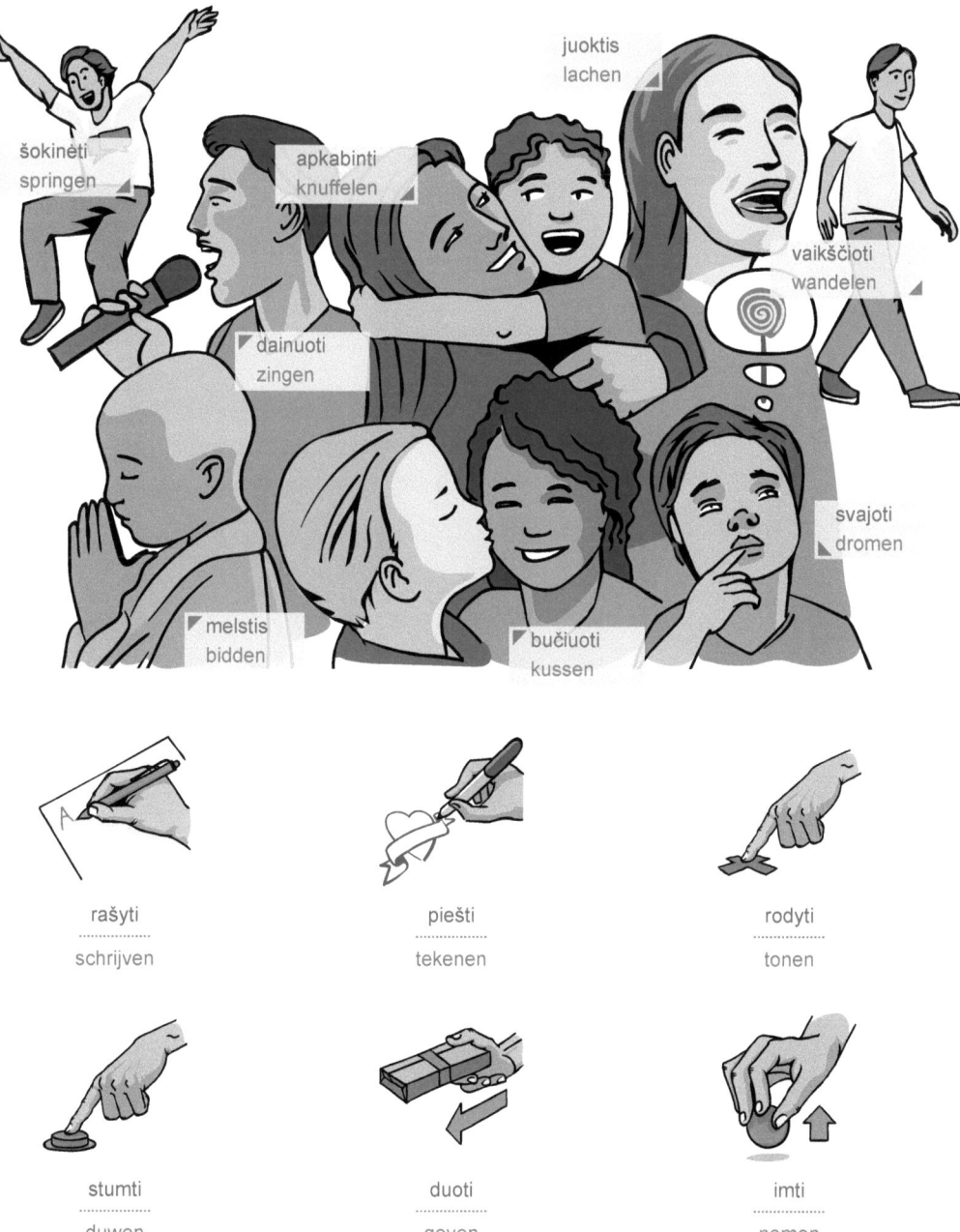

juoktis
lachen

šokinėti
springen

apkabinti
knuffelen

vaikščioti
wandelen

dainuoti
zingen

svajoti
dromen

melstis
bidden

bučiuoti
kussen

rašyti
schrijven

piešti
tekenen

rodyti
tonen

stumti
duwen

duoti
geven

imti
nemen

turėti

hebben

daryti

doen

būti

zijn

stovėti

staan

bėgti

lopen

traukti

trekken

mesti

gooien

kristi

vallen

meluoti

liggen

laukti

wachten

nešti

dragen

sėdėti

zitten

rengtis

aankleden

miegoti

slapen

pabusti

ontwaken

žiūrėti

kijken naar

verkti

wenen

glostyti

aaien

šukuoti

kammen

kalbėti

praten

suprasti

begrijpen

paklausti

vragen

klausytis

luisteren

gerti

drinken

valgyti

eten

tvarkytis

opruimen

mylėti

houden van

gaminti

koken

vairuoti

rijden

skristi

vliegen

buriuoti

zeilen

skaičiuoti

rekenen

skaityti

Lezen

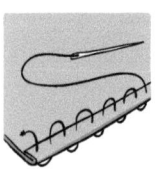

mokytis

leren

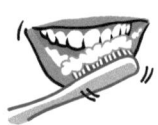

dirbti

werken

vesti

trouwen

siūti

naaien

valytis dantis

tandenpoetsen

žudyti

doden

rūkyti

roken

siųsti

sturen

šeima
familie

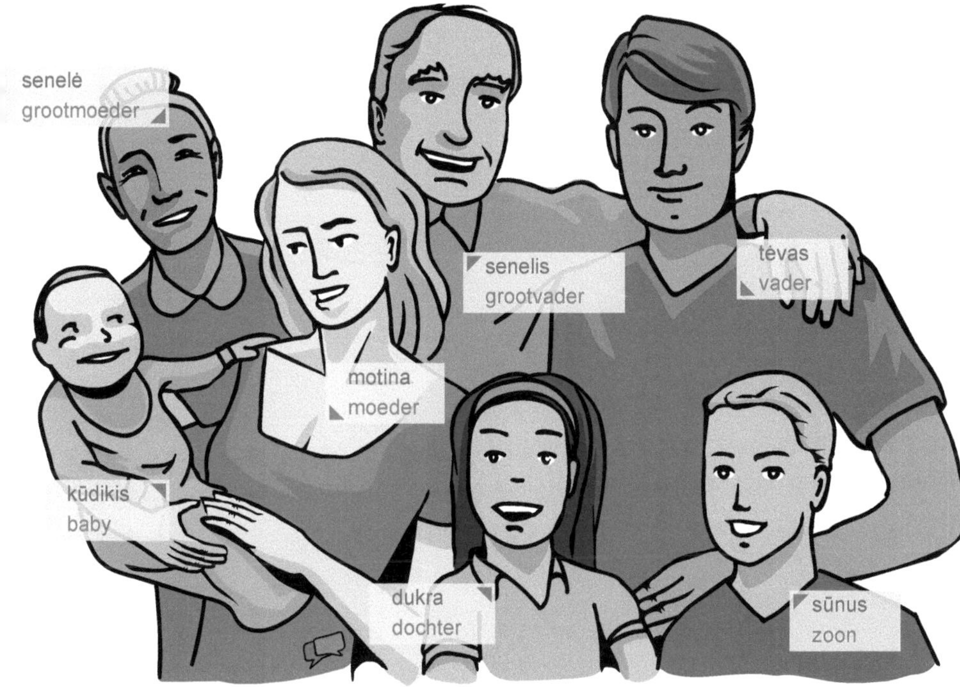

senelė
grootmoeder
senelis
grootvader
tėvas
vader
motina
moeder
kūdikis
baby
dukra
dochter
sūnus
zoon

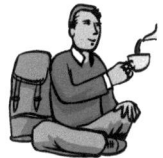

svečias

gast

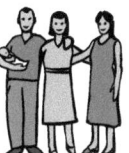

teta

tante

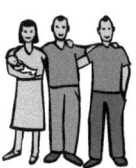

dėdė

oom

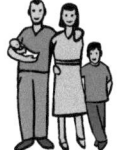

brolis

broer

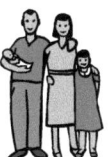

sesuo

zus

kūnas

lichaam

kakta
voorhoofd
akis
oog
petys
schouder
pirštas
vinger
veidas
gezicht
smakras
kin
plaštaka
hand
krūtinė
borst
koja
been
ranka
arm

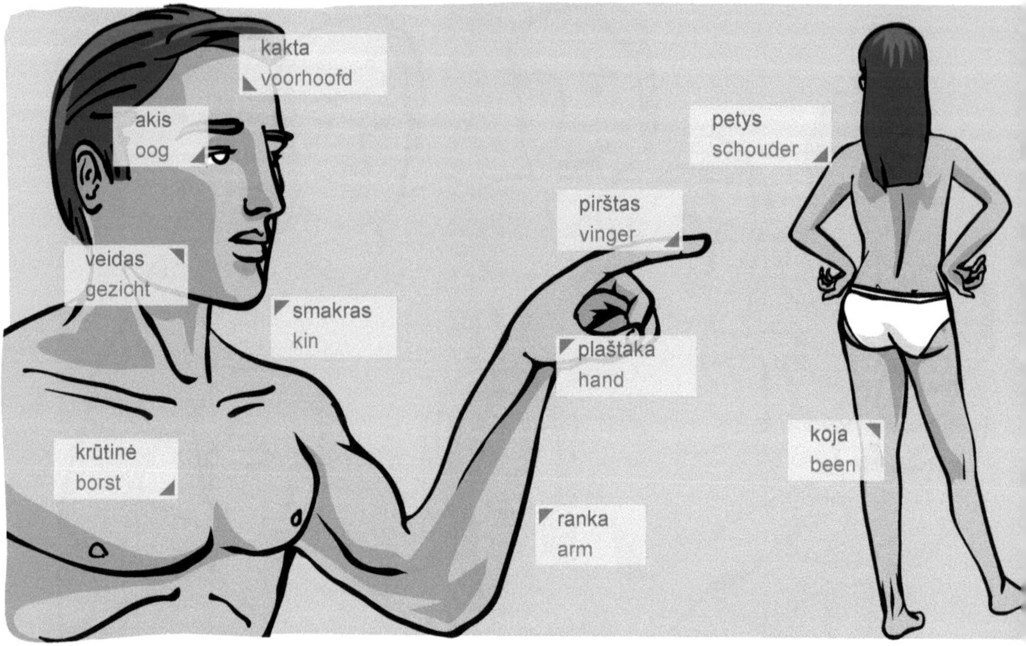

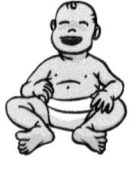

kūdikis

baby

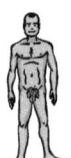

vyras

man

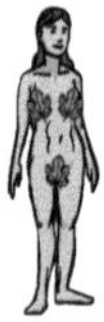

moteris

vrouw

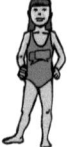

mergaitė

meisje

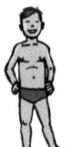

berniukas

jongen

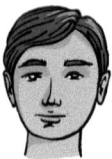

galva

hoofd

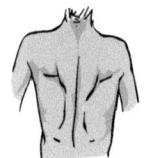

nugara

rug

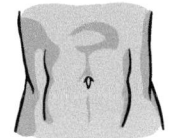

pilvas

buik

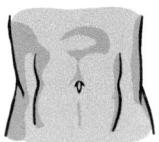

bamba

navel

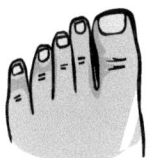

kojos pirštas

teen

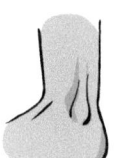

kulnas

hiel

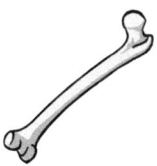

kaulas

bot

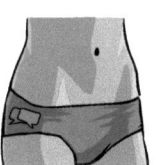

klubas

heup

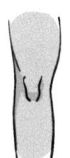

kelis

knie

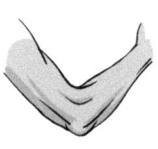

alkūnė

elleboog

nosis

neus

sėdmenys

zitvlak

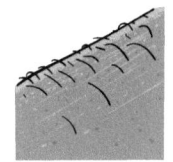

oda

huid

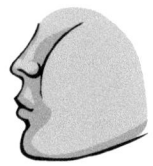

skruostas

wang

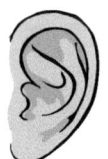

ausis

oor

lūpa

lip

burna

mond

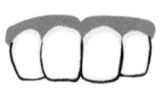

dantis

tand

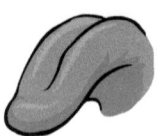

liežuvis

tong

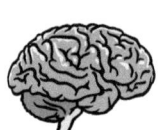

smegenys

hersenen

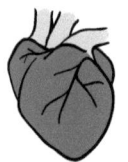

širdis

hart

raumuo

spier

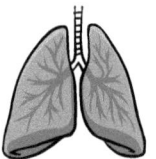

plaučiai

long

kepenys

lever

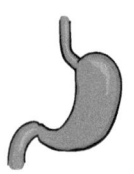

skrandis

maag

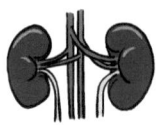

inkstai

nieren

seksas

seks

prezervatyvas

condoom

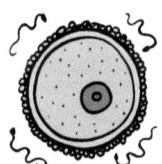

kiaušialąstė

eicel

sperma

sperma

nėštumas

zwangerschap

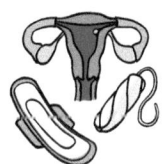

menstruacijos

menstruatie

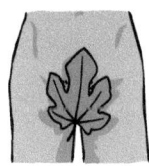

makštis

vagina

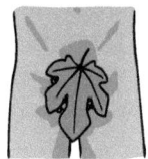

varpa

penis

antakis

wenkbrauw

plaukai

haar

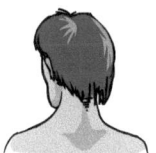

kaklas

nek

ligoninė
ziekenhuis

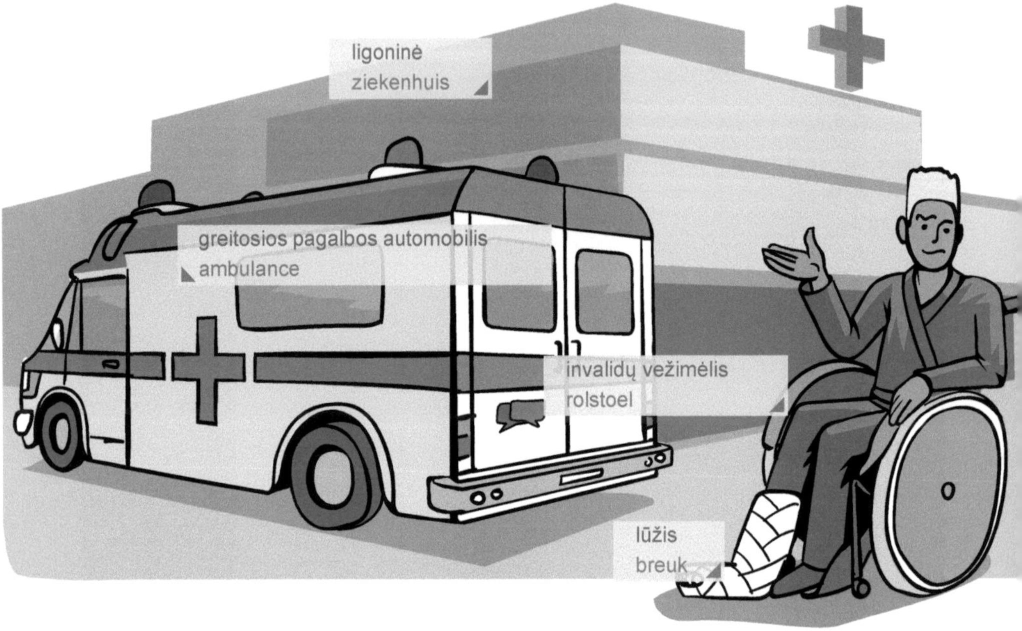

ligoninė
ziekenhuis
greitosios pagalbos automobilis
ambulance
invalidų vežimėlis
rolstoel
lūžis
breuk

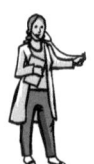

gydytojas

dokter

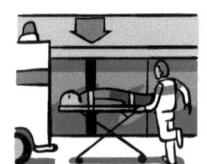

skubios pagalbos skyrius

spoed

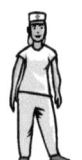

slaugytoja

verpleegkundige

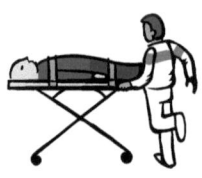

nelaimingas atsitikimas

noodgeval

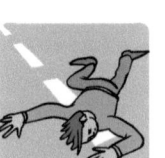

be sąmonės

bewusteloos

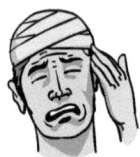

skausmas

pijn

sužalojimas

verwonding

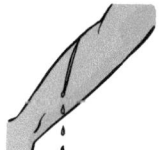

kraujavimas

bloeding

širdies smūgis

hartaanval

insultas

beroerte

alergija

allergie

kosulys

hoest

karščiavimas

koorts

gripas

griep

viduriavimas

diarree

galvos skausmas

hoofdpijn

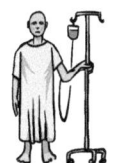

vėžys

kanker

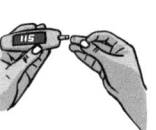

diabetas

diabetes

chirurgas

chirurg

skalpelis

scalpel

operacija

operatie

KT
CT

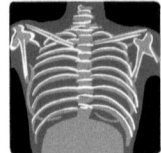

rentgenas
röntgenstraal

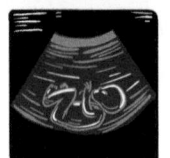

ultragarsas
ultrageluid

veido kaukė
gezichtsmasker

liga
ziekte

laukiamasis
wachtkamer

ramentas
kruk

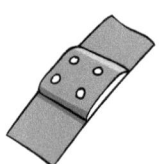

gipsas
pleister

tvarstis
verband

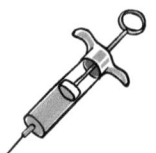

injekcija
injectie

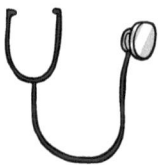

stetoskopas
stethoscoop

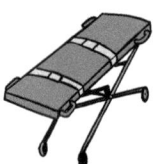

neštuvai
brancard

termometras
thermometer

gimimas
geboorte

antsvoris
overgewicht

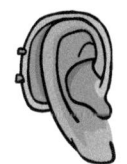

klausos aparatas

hoorapparaat

dezinfekavimo priemonė

ontsmettingsmiddel

infekcija

infectie

virusas

virus

ŽIV / AIDS

HIV / AIDS

vaistas

medicijn

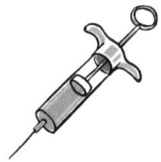

skiepijimas

vaccinatie

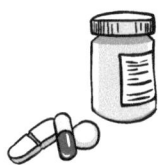

tabletės

tabletten

piliulė

pil

skubios pagalbos numeris

noodoproep

kraujospūdžio matuoklis

bloeddrukmeter

ligotas / sveikas

ziek / gezond

Padėkite!

Help!

pavojaus signalas

alarm

užpuolimas

overval

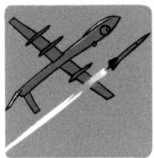

ataka

aanval

pavojus

gevaar

avarinis išėjimas

nooduitgang

Gaisras!

Brand!

gesintuvas

brandblusser

nelaimingas atsitikimas

ongeval

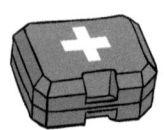

pirmosios pagalbos rinkinys

EHBO-kit

SOS

SOS

policija

politie

Europa

Europa

Šiaurės Amerika

Noord-Amerika

Pietų Amerika

Zuid-Amerika

Afrika

Afrika

Azija

Azië

Australija

Australië

Atlanto vandenynas

Atlantische Oceaan

Ramusis vandenynas

Stille Oceaan

Indijos vandenynas

Indische Oceaan

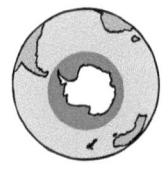

Pietų vandenynas

Antarctische Oceaan

Arkties vandenynas

Arctische Oceaan

Šiaurės ašigalis

Noordpool

Pietų ašigalis

Zuidpool

Antarktida

Antarctica

Žemė

aarde

sausuma

land

jūra

zee

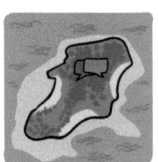

sala

eiland

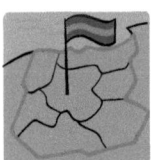

tauta

natie

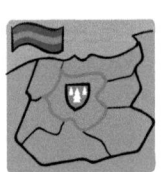

valstybė

staat

ciferblatas

wijzerplaat

valandinė rodyklė

uurwijzer

minutinė rodyklė

minuutwijzer

sekundinė rodyklė

secondewijzer

Kiek valandų?

Hoe laat is het?

diena

dag

laikas

tijd

dabar

nu

skaitmeninis laikrodis

digitale horloge

minutė

minuut

valanda

uur

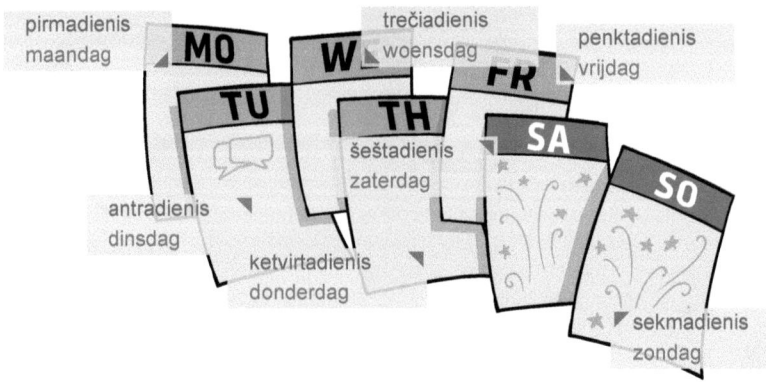

pirmadienis
maandag

trečiadienis
woensdag

penktadienis
vrijdag

antradienis
dinsdag

šeštadienis
zaterdag

ketvirtadienis
donderdag

sekmadienis
zondag

vakar

gisteren

šiandien

vandaag

rytoj

morgen

rytas

ochtend

vidurdienis

middag

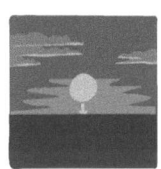

vakaras

avond

darbo dienos

werkdagen

savaitgalis

weekend

metai
jaar

lietus
regen
vaivorykštė
regenboog
vėjas
wind
sniegas
sneeuw
pavasaris
lente
vasara
zomer
ruduo
herfst
žiema
winter

4.APRIL 11°
5.APRIL 4°
6.APRIL 13°
7.APRIL 8°
8.APRIL 10°

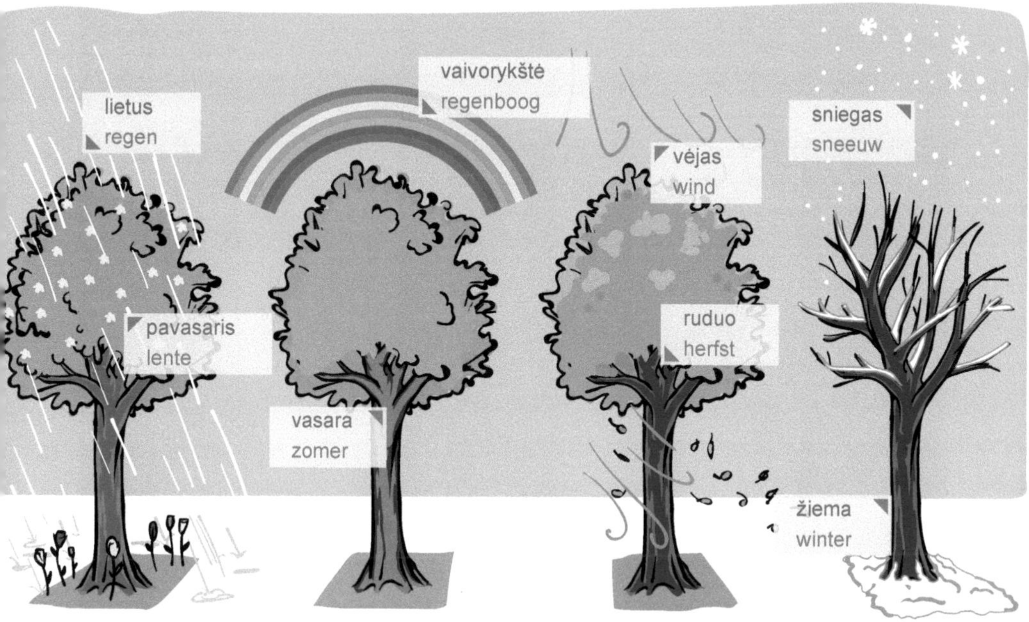

orų prognozė

weervoorspelling

F C
120 40
90 30
60 20
30 10
0 0
-30 -10
-20

lauko termometras

thermometer

saulės šviesa

zonneschijn

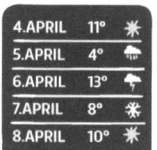

debesis

wolk

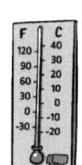

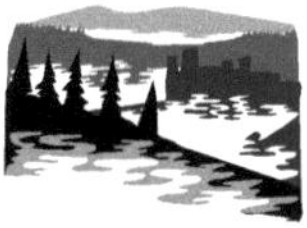

rūkas

mist

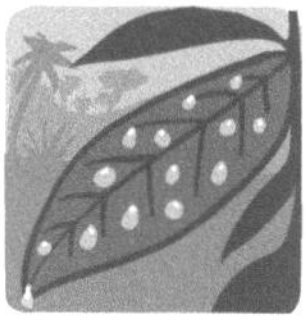

drėgmė

vochtigheid

žaibas

bliksem

griaustinis

donder

audra

storm

kruša

hagel

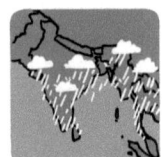

musonas

moesson

potvynis

overstroming

ledas

ijs

sausis

januari

vasaris

februari

kovas

maart

balandis

april

gegužė

mei

birželis

juni

liepa

juli

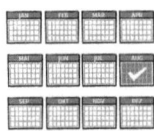

rugpjūtis

augustus

rugsėjis
....
september

spalis
....
oktober

lapkritis
....
november

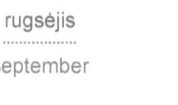

gruodis
....
december

formos

vormen

apskritimas
....
cirkel

kvadratas
....
kwadraat

stačiakampis
....
rechthoek

trikampis
....
driehoek

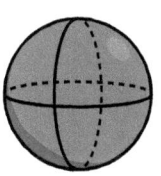

sfera
....
bol

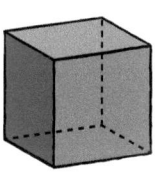

kubas
....
kubus

balta

wit

geltona

geel

oranžinė

oranje

rožinė

roze

raudona

rood

violetinė

paars

mėlyna

blauw

žalia

groen

ruda

bruin

pilka

grijs

juoda

zwart

daug / mažai

veel / weinig

piktas / ramus

boos / kalm

gražus / bjaurus

mooi / lelijk

pradžia / pabaiga

begin / einde

didelis / mažas

groot / klein

šviesus / tamsus

licht / donker

brolis / sesuo

broer / zus

švarus / purvinas

proper / vuil

užbaigtas / neužbaigtas

volledig / onvolledig

diena / naktis

dag / nacht

miręs / gyvas

dood / levend

platus / siauras

breed / smal

valgomas / nevalgomas

eetbaar / oneetbaar

piktas / malonus

kwaadaardig / vriendelijk

linksmas / nuobodus

opgewonden / verveeld

storas / plonas

dik / dun

pirmiausia / paskiausia

eerst / laatst

draugas / priešas

vriend / vijand

pilnas / tuščias

vol / leeg

kietas / minkštas

hard / zacht

sunkus / lengvas

zwaar / licht

alkis / troškulys

honger / dorst

ligotas / sveikas

ziek / gezond

nelegalus / legalus

illegaal / legaal

protingas / kvailas

intelligent / dom

kairė / dešinė

links / rechts

arti / toli

dichtbij / veraf

naujas / naudotas
nieuw / gebruikt

niekas / kažkas
niets / iets

senas / jaunas
oud / jong

įjungta / išjungta
aan / uit

atidaryta / uždaryta
open / dicht

tylus / garsus
stil / luid

turtingas / vargšas
rijk / arm

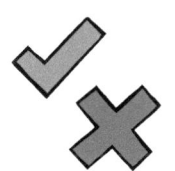

teisus / neteisus
juist / fout

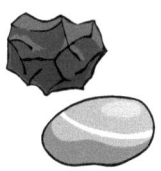

šiurkštus / švelnus
ruw / glad

liūdnas / laimingas
droevig / blij

trumpas / ilgas
kort / lang

lėtas / greitas
traag / snel

drėgnas / sausas
nat / droog

šiltas / šaltas
warm / koud

karas / taika
oorlog / vrede

0

nulis

nul

1

vienas

één

2

du

twee

3

trys

drie

4

keturi

vier

5

penki

vijf

6

šeši

zes

7

septyni

zeven

8

aštuoni

acht

9

devyni

negen

10

dešimt

tien

11

vienuolika

elf

12

dvylika

twaalf

13

trylika

dertien

14

keturiolika

veertien

15

penkiolika

vijftien

16

šešiolika

zestien

17

septyniolika

zeventien

18

aštuoniolika

achtien

19

devyniolika

negentien

20

dvidešimt

twintig

100

šimtas

honderd

1.000

tūkstantis

duizend

1.000.000

milijonas

miljoen

anglų

Engels

amerikiečių anglų

Amerikaans Engels

kinų (mandarinų)

Chinees (Mandarijn)

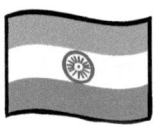

hindi

Hindi

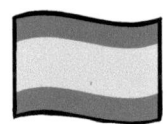

ispanų

Spaans

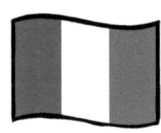

prancūzų

Frans

arabų

Arabisch

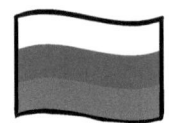

rusų

Russisch

portugalų

Portugees

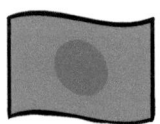

bengalų

Bengali

vokiečių

Duits

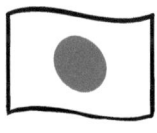

japonų

Japans

aš
....
ik

tu
....
u

jis / ji
....
hij / zij / het

mes
....
wij

jūs
....
u

jie
....
ze

kas?
....
wie?

ką?
....
wat?

kaip?
....
hoe?

kur?
....
waar?

kada?
....
wanneer?

vardas
....
naam

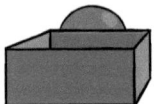

už
achter

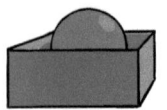

kur (vieta)
in

priešais
voor

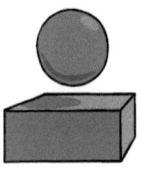

virš
boven

ant
op

po
onder

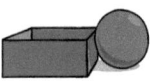

prie
naast

tarp
tussen

vieta
plaats